BEI GRIN MACHT SICH IHR WISSEN BEZAHLT

AF144591

- Wir veröffentlichen Ihre Hausarbeit,
  Bachelor- und Masterarbeit

- Ihr eigenes eBook und Buch -
  weltweit in allen wichtigen Shops

- Verdienen Sie an jedem Verkauf

Jetzt bei www.GRIN.com hochladen und kostenlos publizieren

Bibliografische Information der Deutschen Nationalbibliothek:

Die Deutsche Bibliothek verzeichnet diese Publikation in der Deutschen National-
bibliografie; detaillierte bibliografische Daten sind im Internet über http://dnb.d-
nb.de/ abrufbar.

Impressum:

Copyright © 2008 GRIN Verlag, Open Publishing GmbH
Druck und Bindung: Books on Demand GmbH, Norderstedt Germany
ISBN: 9783640596133

Dieses Buch bei GRIN:

http://www.grin.com/de/e-book/148467/ueber-die-kriegskunst

Stefan Erminger

Über die Kriegskunst

Erfahrungen der Militär- und Kriegsgeschichte

GRIN Verlag

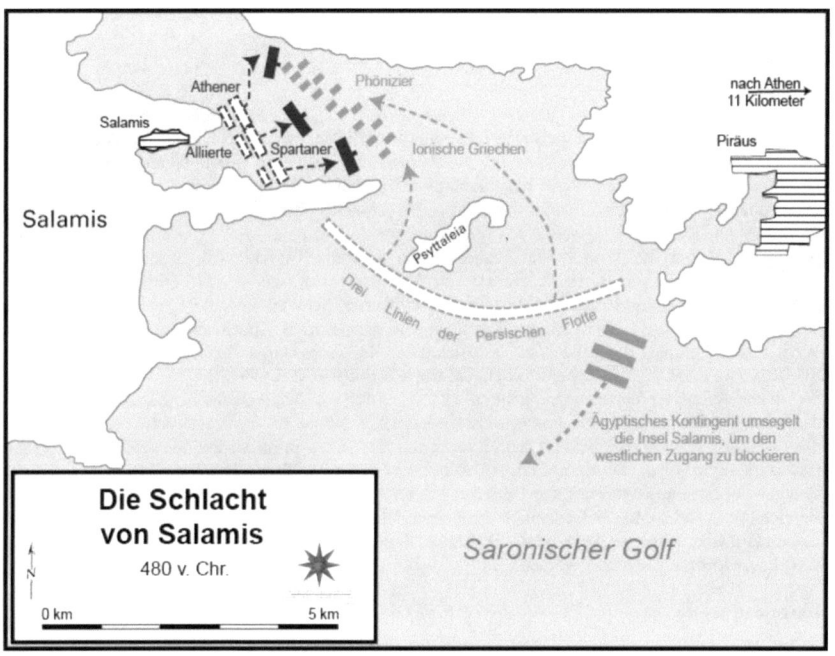

Die Schlacht von Salamis
480 v. Chr.

0 km — 5 km

Athener

Phönizier

Salamis

Allierte — Spartaner

Ionische Griechen

Salamis

Psyttaleia

Drei Linien der Persischen Flotte

nach Athen
11 Kilometer

Piräus

Ägyptisches Kontingent umsegelt
die Insel Salamis, um den
westlichen Zugang zu blockieren

Saronischer Golf

[ÜBER DIE KRIEGSKUNST]

Bis in die Gegenwart wird darüber gestritten, ob aus den Erfahrungen der Militär- und Kriegsgeschichte zeitlose Theorien entwickelt werden können. Bis heute halten sich Auffassungen, dass die Kriegführung zwar eine Kunst sei, die aber weder gelehrt noch gelernt werden könne, sondern angeboren sein müsse.

Über die Kriegskunst

Gliederung

Kriegskunst

Bis in die Gegenwart wird darüber gestritten, ob aus den Erfahrungen der Militär- und Kriegsgeschichte zeitlose Theorien entwickelt werden können. Bis heute halten sich Auffassungen, dass die Kriegführung zwar eine Kunst sei, die aber weder gelehrt noch gelernt werden könne, sondern angeboren sein müsse. Nach Cyrill Falls kann die Kriegskunst sehr wohl studiert und erlernt werden, indem man sich mit ihren Theorien beschäftigt[1]. Clausewitz bekennt in der Einführung zu seinem Werk »Vom Kriege«[2] , dass seine Auffassungen vom Kriege die Frucht eines vielseitigen Nachdenkens über die Theorie und Praxis ist. So wird die Theorie nicht abseits der Tatsachen entwickelt, sondern von ihnen abgeleitet: Der Vorgang, in dessen Verlauf militärische Theorien anhand der Analyse von Feldzügen entstehen, unterscheidet sich durchaus nicht von der Entwicklung der Theorien auf den Gebieten anderer Künste und Wissenschaften. Augenscheinlich wird dies in den Werken des Phidias, Raffaels oder Michelangelos, denen zuweilen die Theorie des «Goldenen Schnitts» zugrunde lag, diese aber in ihren Ausdrucksformen nicht einengte[3].
So hat auch die Kriegführung ihre Theorien. Das grundsätzliche Missverständnis liegt bis heute darin, dass die Theorie Fragen der Praxis durch allgemeine Hinweise zu beantworten versucht. Jede denkbare und erkenntnisleitende Theorie verzichtet nämlich a priori darauf, der Praxis ein starres Gesetz des Handelns vorzuschreiben. Clausewitz interpretiert dieses Phänomen von Theorie und Praxis, von Ziel und Mittel und der Beziehung von Politik und Militär durch eine Analogie aus dem Bereich der Sprache und des Denkens in dem berühmt gewordenen Satz, dass der Krieg »seine eigene Grammatik, aber nicht seine eigene Logik«[4] habe. Rezepte für das jeweilige Handeln konnten deshalb von Clausewitz nicht erwartet werden[5].

Die operative Idee

Das Kardinalproblem aller Feldherrn zu allen Zeiten bestand zunächst in der Methode, den Gegner niederzuwerfen, zu besiegen, oder wie im Ancien Régime mit seinen kostspieligen, „unersetzlichen" stehenden Heeren, den Gegner nicht in einer risikoreichen offenen Feldschlacht zu schlagen, sondern ihm „goldene Brücken" zum Abzug zu bauen[6]. Die Existenz der Armee war ein Garant der Dynastie. Hasard und Vabanque waren daher inadäquate Mittel der Kriegführung, die leicht zum Untergang

---

[1] Cyrill Falls, The Art of War, London 1961, S. 19

[2] Carl von Clausewitz, Vom Kriege, hrsg. von Werner Hahlweg, Bonn 1980, 1, 1, 1, S. 191 ff

[3] «In der antiken Architektur, [...] der italienischen Renaissance kam da und dort der Goldene Schnitt [...] in Anwendung [...] Von einer allgemeinen Herrschaft des Goldenen Schnitts kann [...] keine Rede.» Johannes Jahn, Wörterbuch der Kunst, Stuttgart 1966, S. 250

[4] Clausewitz, 3, 7, 6B, S. 991

[5] Franz Herre, Moltke. Der Mann und sein Jahrhundert, Stuttgart 1984, S. 347

[6] Wolfgang Petter. Zur Kriegskunst im Zeitalter Friedrichs des Großen, in: Europa im Zeitalter Friedrichs des Großen. Wirtschaft, Gesellschaft, Kriege. Im Auftrag des Militärgeschichtlichen Forschungsamtes hrsg. von Bernhard R Kroener, München 1989, S. 245-268

führen konnten, wie es Hitler und sein Regime seiner Zeit mit der Devise „Alles oder Nichts", „Sieg oder Untergang"[7] leidvoll bewiesen haben.

Die Idee der Vernichtungsschlacht bedeutete für die Dynastie ein hohes Risiko. Als Friedrich II. vor Prag am 6. Mai 1757 ein Beispiel einer Vernichtungsschlacht lieferte, waren alle Generale des Königs nicht einverstanden gewesen: „es wollte den Leuten nicht in den Kopf, dass Krieg führen Schlagen und Vernichten des Feindes ist"[8]. Clausewitz sah gleichwohl in dieser Operation das „geistige" Dilemma der Zeit: „Man kannte bei großen Massen keinen anderen Gebrauch der Truppen, als dass man sie in einer Schlachtordnung aufstellte, die das Heer zu einem Ganzen machte, und mit diesem Ganzen nun gegen das feindliche Ganze anrannte[9]." Die „schiefe Schlachtordnung", von Friedrich mehrmals genial verwirklicht, überwand diese Geistesarmut. Doch der Stein der Weisen zu ihrer Überwindung lag nicht allein im Genius Friedrich II. von Preußen; vielmehr ist die Kriegführung abhängig von der ihr zugrundeliegenden Geisteshaltung, z.B. dem Prinzip der politischen und persönlichen Freiheit – und den in ihr eingeschlossenen Wirkungskräften.

Odysseus hatte, wie uns Homer berichtet, das Volk des Priamos durch die List mit dem Trojanischen Pferd überwunden, in dessen hohlem Bauch die besten Krieger versteckt waren. Ein Plan, geboren aus der Not von zehn erfolglosen Belagerungsjahren, verbunden mit Risiko und Wagnis. Hätte das trojanische Volk gleich Laokoon die List durchschaut, wäre dies das Ende und die endgültige Niederlage der Griechen gewesen.

Risiko und Wagnis standen auch Pate, als Manstein 1940 die Idee hatte, den «Schlieffenplan» von 1914 nicht zu wiederholen, sondern durch den doppelten Sperrgürtel von Ardennen und Maas hin durchzubrechen; in der Durchführung seines Planes hatte die deutsche Führung die operative Überraschung auf ihrer Seite[10]. Doch dieses Risiko war kalkuliert. Die Aufklärung hatte eindeutige Hinweise erbracht, dass diese Abschnitte schwach besetzt waren, da dort der Durchbruch für unmöglich gehalten wurde. Darüber hinaus: Manstein spielte nicht Hasard, da die Gefechtsübungen Guderians mit seinen Panzerverbänden in der Eifel und im Hunsrück den Nachweis erbracht hatten, dass Panzer auf schwammigen Waldwegen und in schwierigem Gelände operieren konnten.

Schon in der Antike gibt es zahlreiche militärgeschichtliche Beispiele, deren Konstellationen mit Ereignissen der Neueren und Neusten Geschichte – wenn auch in modifizierter Form – durchaus vergleichbar sind.

Als das Perserreich mit der Welt der Griechen zusammenprallte, war dies von vornherein ein ungleicher Kampf. Die Perserkönige hatten den Vorteil der Kräfteüberlegenheit auf dem Meer wie auf dem Land und dazu den Vorteil, ungehindert auf den äußeren Linien zu operieren und damit das Gesetz des Handelns den Griechen aufzwingen zu können. Die allen Belangen unterlegenen Hellenen hatten daneben noch ein besonderes Problem zu lösen. Es galt, die griechische Freiheit durch Bündnisarmeen zu sichern, deren Stadtstaaten oft in unterschiedlichen Interessenkonflikten zerstritten waren. Der Gegensatz zwischen Athen und Sparta, zwischen Sparta und Theben sowie Athen und Makedonien zieht sich bis zu Alexander dem Großen, der die Verschmelzung des Okzidents mit dem Orient anstrebte.

Die politische Freiheit der Griechen hatte geistige Freiheit und Kreativität zur Bedingung. Dafür steht der Perikles zugeschriebene Satz: „Denn auch dies ist unsere Art, dort am freiesten zu wagen, wo wir am besten durchdacht haben[11]." Was hier sichtbar wird, ist die auch heute wirkende Komplementarität von lebendigem Geist als Gestalter und Umgestalter.

Als der Großkönig Dareios die blühenden Städte Ioniens an der Gegenküste Griechenlands niedergeworfen hatte, landete sein Feldherr Datis an der attischen Küste. Athen hatte angesichts der drohenden Gefahr und der Überlegenheit der Perser sein Schicksal Militades, dem Sohn des von dem Tyrannen Hippias ermordeten, dreifachen Olympiasiegers Kimon anvertraut. Zunächst traf Militades eine überraschende Entscheidung: Trotz der persischen Überlegenheit verließ er die schützenden Mauern der Stadt, um die Entscheidung in offener Feldschlacht zu suchen. Wir kennen nicht seine

---

[7] Vgl. Hitlers Briefe und Notizen. Sein Weltbild in handschriftlichen Dokumenten, hrsg. von Werner Maser, Nachdr. der 2. Ausg. 1973, Düsseldorf 1988, Anm. 148

[8] Petter (wie Anm. 6), S. 251

[9] zit. ebd.

[10] Günther Roth, Der Feldzugplan «Fall Gelb» für die deutsche Offensive im Westen 1940, in: Operatives Denken bei Clausewitz, Moltke, Schlieffen und Manstein, hrsg. vom Militärgeschichtlichen Forschungsamt, Freiburg 1989 (= Operatives Denken und Handeln in deutschen Streitkräften, 1), S. 43-59

[11] Vgl. Thukydides, 1, 140-142, 65, 6

Überlegungen im Einzelnen, doch bezog Militades die Unterstützung Spartas und anderer Stadtstaaten in seinen Plan ein, um eine rasche Entscheidung herbeizuführen. Herodot, der älteste griechische Geschichtsschreiber, der in der Schlacht selbst mitkämpfte, hat in seinem Werk » Perserkriege« die Schlacht geschildert[12]. Als Militades das persische Heer in der Ebene vor Marathon (490 v. Chr.) sichtete, machte er halt und wartete. Doch die Spartaner kamen nicht. So verging die Nacht und der nächste Tag. Dann griff Datis plötzlich an. Hatten ihm seine Kundschafter das Herannahen des Spartanerkönigs Kleomenes gemeldet und wollte er eine Entscheidung vor der Vereinigung beider Heere herbeigeführt haben? Herodot berichtet, wie Militades im Angesicht des persischen Angriffs seine Schwert- und Lanzenträger emporriß und sie gegen die persische Phalanx und Reiterei im Sturmlauf anrennen ließ. Sein Zentrum scheiterte an der persischen Reiterei, doch die Flügel drangen vor, warfen die Perser zurück. Als sie zur Mitte schwenkten und den Kern der Perser in die Zange nahmen, war die Schlacht entschieden. Eine der ersten überlieferten Umfassungsschlachten war nach dem Prinzip geschlagen, das eigene Zentrum eindrücken zu lassen, um mit den von vornherein verstärkten Flügeln vorzudringen und sodann das Zentrum zu umklammern und einzuschließen. Diese operative Idee wurde zum Modell und Mythos zugleich.

Der Sieg Athens bei Marathon hatte die griechische Freiheit für zehn Jahre gesichert. Der neue Großkönig Xerxes wollte 480 v. Chr. mit einem noch größeren Heer das nachholen, was Dareios nicht gelungen war. Wieder setzte Athen seine ganzen Hoffnungen auf einen einzigen Mann, diesmal auf Themistokles[13]. Es hätte nahegelegen, den erfolgreichen Plan des Militades zu kopieren und ihn mit Unterstützung durch die Spartaner rechtzeitig durchzuführen. Doch der eben zum Ersten Strategen Gewählte schlug einen derart radikalen Plan vor, dass er in Athen und noch stärker in Sparta auf Skepsis und Ablehnung stieß. Themistokles sah eine Siegeschance nur zu See, was die vollständige Umrüstung Athens von einer Land- zu einer Seemacht bedeutete.

Zwischen Themistokles und dem Spartanerkönig Eurybiades gab es in der Folgezeit heftige Konflikte um die richtige Strategie. Die Künstler der offenen Feldschlacht, die Spartaner, waren der Überzeugung, dass die Entscheidung am Isthmos von Korinth oder am Engpass des Thermopylen – dort verlief die einzige Verbindungsstraße zwischen Nord- und Mittelgriechenland – fallen werde. Plötzlich jedoch stimmten die Spartaner dem Plan von Themistokles zu. Natürlich sahen auch die beiden Spartanerkönige Eurybiades und Leonidas, dass die Perser überall landen und die Thermopylen umgehen konnten. Mit der Zustimmung zur Entscheidung auf See aber gaben sie zunächst ihre ganze militärische Tradition und ihre Gewissheit auf, das Schwert Griechenlands, der Prostates, und der Garant der griechischen Freiheit zu sein.

Als Xerxes an den Thermopylen angekommen war und die Umsegelung des Passes durch seine Flotte abgewartet hatte, gab er das Zeichen zum Sturm. Die Perser rannten 48 Stunden ohne Erfolg gegen die Spartaner und deren Hilfsvölker an. Der Versuch , Euböa zu umschiffen, um Leonidas im Rücken anzugreifen, war durch einen Sturm gescheitert. Da kam Xerxes ein Verräter zu Hilfe, der die persische Leibgarde über das Ötagebirge auf einem geheimen Pfad in den Rücken der Spartaner führte. Als Leonidas die tödliche Gefahr erkannte, musste Themistokles unter allen Umständen verständigt werden, um an dem Engpass der Thermopylen in Richtung auf Salamis und Athen noch hindurch zukommen. Auf der letzten der hundert Trieren stand Themistokles und schaute zu den Thermopylen hinüber. Dort hatte Leonidas seinen Kriegern, bevor die Perser die Straße abgeschnitten hatten, den Rückzug befohlen. Er und dreihundert seiner Spartaner sowie einige thebanische Freiwillige wollten bleiben. Als die Rückführung geglückt war, sah Leonidas zu seiner Überraschung, dass 700 Thespier zurückgeblieben waren. Sie baten ihn, mit ihm sterben zu dürfen. Der Kampf der Spartiaten, Thebaner und Thespier war unter strategischen und operativen Gesichtspunkten sinnlos geworden. Herodot, der auch diese Schlacht schildert, gibt keinen Hinweise auf die Motive, freiwillig in hoffnungsloser Lage den Kampf bis zum bitteren Ende zu führen. Die Worte von schrecklicher Lapidarität, die auf dem steinernen Löwen stehen, die die ganze Welt kennt und die bis heute zu Herzen gehen, lauten: «Wanderer, kommst Du nach Sparta, verkünde dorten, Du habest uns hier

---

[12] Herodot, Historien, Bd 2, Buch 4, hrsg. von Josef Feix, München 1965, S. 833-857

[13] siehe hierzu Hermann Bengston, Griechische Geschichte. Von den Anfängen bis in die römische Kaiserzeit, 4. durchges. und erg. Aufl., München 1969 (= Handbuch der Altertumswissenschaft, Abteilung 3, Teil 4), S. 166-177; ferner Manfred Beike, Kriegsflotten und Seekriege der Antike, Berlin (Ost) 1987 (= Kleine Militärgeschichte. Kriege), S. 59ff

liegen sehen, wie das Gesetz es befahl[14].» Dieser Spruch ist so erklärt worden, dass es sich dort um
Griechen handelte, die Herren waren und sich ihre Überzeugungen und Forderungen an das Leben
nicht abkaufen ließen.

Dass Militades sich nicht in die festen Mauern der Akropolis zurückzog sondern die offene
Feldschlacht suchte, dass Sparta überhaupt ohne jede Befestigung war, dass Themistokles die lange
bestehende Strategie der Landkriegführung zugunsten einer Seekriegsführung verwarf und dass sich
die Spartaner dieser Idee sogar anschlossen, zeigt, dass sie sich von Kreativität des freien, immer
Neues schaffenden Geistes leiten ließen und so das Gesetz des Handelns bestimmten.

Doch die Durchsetzung des umstürzend Neuen hat ihre eigene Geschichte. Geniale Menschen werden
oft von ihren Mitmenschen, vielfach gerade von den Herrschenden, als lästig empfunden. So schickten
die Griechen ihre verdientesten Männer bei nächster Gelegenheit in die Verbannung, die Spartaner
wechselten den Oberbefehl, Kaiser Ferdinand II. ließ Wallenstein ermorden, Clausewitz wagte nicht,
sein Werk «Vom Kriege» zu seinen Lebzeiten herauszugeben, und das Oberkommando des Heeres
verbannte Generalleutnant v. Manstein auf ein Kommando an der deutschen Ostgrenze, als sein Plan
nur aufgrund einer persönlichen Entscheidung Hitlers im Westen in die Tat umgesetzt wurde.

Mit dem Sieg in der Seeschlacht von Salamis war noch nichts endgültig entschieden. Die letzte
Entscheidung sollte ein Jahr später bei Platää fallen[15]. Den Oberbefehl über die griechischen
Kontingente hatte nicht mehr der Spartanerkönig Eurybiades, sondern Pausanias. Denn Sparta, obwohl
nun nicht gerade mit unserer Vorstellung von Demokratie, sondern eher mit einem Ordensstaat
vergleichbar, wählte nicht nur in demokratischer Weise die fünf zur Staatslenkung ausersehenen
Ephoren jedes Jahr neu, sondern bestimmte aus dem spartanischen Königsgeschlecht den jeweils
Besten zum Oberbefehlshaber des Heeres.

Während der Schlacht von Platää gab Pausanis an den linken Flügel, die Athener unter Aristeidis den
Befehl für eine Flankenbewegung nach rückwärts. Aristeidis führte die Schwenkung aber nicht aus,
sondern drang weiter vor. Entweder hatte er das Manöver nicht begriffen, oder er glaubte es besser zu
wissen, jedenfalls riss die Verbindung zwischen den Verbündeten und eine Lücke entstand.
Unverzüglich führte der persische Oberbefehlshaber Mardonios mit der gesamten Reiterei den Stoß in
diese Lücke. Doch den Spartiaten gelang es nicht nur, den unaufhörlich anbrandenden Reiterattacken
standzuhalten, sondern sogar vorzurücken und somit die Lücke zu schließen, die Athener zu erreichen
und damit den Zusammenhang der Kampfführung wieder herzustellen.

Als der Thebaner Epameinondas die durch den 30jährigen Peloponnesischen Krieg bis zum Äußersten
geschwächten Spartaner bei Leuktra 371 v. Chr. schlug, war dies in doppelter Hinsicht eine
Sensation[16]. Den als unbesiegbar geltenden 10000 Spartanern standen nämlich nur 6000 Thebaner
gegenüber. Das Erfolgsgeheimnis des Epameinondas beruhte auf der «schiefen Schlachtordnung». Er
wusste, dass die Spartaner – wie gewöhnlich – auf einem ihrer Flügel einen Schwerpunkt setzen
würden, und konterkarierte sie durch einen eigenen überdimensional verstärkten Flügel. Die
Niederlage der Spartaner bei Leuktra markiert zugleich einen bedeutenden Wendepunkt in der
griechischen Geschichte. Epameinondas hatte die Militärmacht Sparta geschlagen; in der Folge zerfiel
Griechenland endgültig in eine Vielzahl ohnmächtiger Kleinstaaten.

Friedrich der Große hat in der Kombination von Manöver- und Schwerpunktbildung der «schiefen
Schlachtordnung», vor allem bei Leuthen, ein Denkmal gesetzt und damit zeitweilig die reine
Lineartaktik überwunden[17].

---

[14] In der Antike gedachte man tapferer Soldaten mit einem Vers. Dieser Vers, den angeblich Simonides
verfasste, wurde von Herodot 7, 228, überliefert (= Diehl, Anthologia Lyrica Graeca, Simonides, in: Schillers
Sämtliche Werke. Säkular-Ausgabe in 16 Bänden, Stuttgart, Berlin 1904-1905, Bd 1, S. 136. Die wörtliche
Übersetzung lautet: «Fremder, melde den Lakedaimoniern, dass wir hier liegen, ihren Satzungen gehorsam.»
[15] siehe hierzu Hermann Bengston, Griechische Geschichte. Von den Anfängen bis in die römische Kaiserzeit, 4.
durchges. und erg. Aufl., München 1969 (= Handbuch der Altertumswissenschaft, Abteilung 3, Teil 4), S. 177
ff.
[16] siehe ebd., S. 277 f
[17] vgl. Ullrich Marwitz, Friedrich der Große als Feldherr, in: Friedrich der Große und das Militärwesen seiner
Zeit, Herford, Bonn 1987 (= Vorträge zur Militärgeschichte, hrsg. vom Militärgeschichtlichen Forschungsamt,
Bd 8), S. 73-92, und Wolfgang Petter, Zur Kriegskunst im Zeitalter Friedrichs des Großen, in: Europa im
Zeitalter Friedrich des Großen. Wirtschaft, Gesellschaft, Kriegs. Im Auftrag des Militärgeschichtlichen
Forschungsamtes hrsg. von Bernhard R. Kroener, München 1989, S. 248

Doch nur fünfzig Jahre später überwand die Französische Revolution und Lazare Graf Carnots «Levée en masse» des Jahres 1793, aus der sich gleichsam wie von selbst die Kolonnentaktik entwickelte, nicht nur das Ancien Régime, sondern revolutionierte auch das Kriegswesen[18]. Diese Entwicklung nicht erkannt und daraus nicht rechtzeitig Konsequenzen für die Operationsführung gezogen zu haben, kritisiert Clausewitz in scharfer Form. Er schreibt über die Niederlage der Preußen von 1806: „Als im Jahre 1806 die preußischen Generale [...] sämtlich mit der schiefen Schlachtordnung Friedrichs des Großen sich in den offenen Schlund des Verderbens warfen, war es nicht bloß eine Manier, die sich überlebt hatte, sondern die entschiedenste Geistesarmut, zu der je der Methodismus geführt hat[19]."

Die Entwicklung hin zum Volksheer führte zur Aufgliederung der festgefügten Karrees und der starren Schützenlinien. Die Tirailleurtaktik, die Auflockerung des Gefechts, das Prinzip des «getrennt marschieren, vereint schlagen», wie es bereits die Koalitionsarmeen gegen Napoleon I. anwandten, wiesen den Führern neue Aufgaben und einen neuen Platz im Gefecht zu. Die Zeit war endgültig vorbei, wo die Führer im Angesicht heranfliegender tödlicher Geschosse der Schützenlinie voranschritten, und ihre Hauptaufgabe darin bestand, das Tempo und die Feuerfolge zu bestimmen sowie die zusammengebrochene Schützenlinie wieder aufzurichten. Während bei den kleinen stehenden Heeren der Feldherr die Schlacht noch überblicken konnte, verlagerten sich die Entscheidungen immer mehr an den grünen Tisch. Dies hatte umstürzende Folgen. Das Mitdenken und Handeln der Offiziere im Sinne des Feldherrn, aber auch die Übermittlung der Entschlüsse, gewannen an Gewicht. Diese Veränderungen führten zum Ausbau eines modernen, durchorganisierten Generalstabes und zur Bildung von Divisionen. Der «gebildete Offizier», wie ihn schon Goethe und später Scharnhorst gefordert hatte, wurde zur zwingenden Voraussetzung erfolgreicher Führung[20]. Diese historischen Beispiele sind eindrucksvolle Belege der abendländischen Tradition, um strategische oder operative Entscheidungen zu ringen. Ideenreichtum und Phantasie – und hieran hat sich seit dem Trojanischen Pferd des Odysseus nichts geändert – sind die Bedingungen des Erfolges für den an Kräften unterlegenen.

Feldherr und Vorbild

Hegel erklärt zu der Frage, ob Menschen die Geschichte machen und die historischen Persönlichkeiten die Gestalter der Epochen seien, dass die großen Menschen in der Geschichte nur insofern groß seien, als sie den von einer höheren Vernunft vorgezeichneten Weg aus der Vergangenheit in die Zukunft, möglicherweise lediglich aus Zufall oder aus einer besonderen Interessenlage heraus, sicherer und schneller zu erkennen vermögen als andere. „Dies sind die großen Menschen in der Geschichte, deren eigene partikuläre Zwecke das Substantielle enthalten, welches Wille des Weltgeistes ist. Dieser Gehalt ist ihre wahrhafte Macht" (Vorlesung über die Philosophie der Weltgeschichte, 1830)[21]. Darin lag, mochten auch andere Generationen anders darüber denken, eine radikale Absage an den Gedanken, dass ein Einzelner den Gang der Geschichte entscheidend verändern, etwas aufhalten oder in völlig neue Bahnen lenken könne[22]. Wenn nun dominierende Gestalten nach Hegel als «Geschäftsführer eines Zwecks» im Sinne des Weltgeistes erscheinen, die eine «neue Stufe im Fortschreitungsgang des allgemeinen Geistes» bilden[23], dann erscheinen sie als Machtmenschen, die Bestehendes umstürzen. Wollen diese «welthistorischen Individuen» jedoch im Positiven als Neuerer Anerkennung finden, müssen Umstände und Konstellationen mit besonderen Anlagen

[18] Siehe hierzu Rainer Wohlfeil, Vom Stehenden Heer des Absolutismus zur Allgemeinen Wehrpflicht, in: Handbuch zur deutschen Militärgeschichte 1648-1939, hrsg. vom Militärgeschichtlichen Forschungsamt, Bd 1, Abschn. II, München 1979, S. 9 f

[19] Clausewitz zitiert nach Jehuda L. Wallach, Das Dogma der Vernichtungsschlacht, Frankfurt a. M. 1967, S. 7. Diese apodiktische Aussage Clausewitz' ist später von Colmar v. der Goltz, Von Rossbach bis Jena und Auerstedt. Ein Beitrag zur Geschichte des preußischen Heeres, Berlin 1901, kompetent modifiziert worden.

[20] «Die größten Vorteile im Leben überhaupt wie in der Gesellschaft hat ein gebildeter Soldat.» Johann Wolfgang v. Goethe, Maximen und Reflexionen, Nr. 34 (1809), München 1973 (= Goethes Werke. Hamburger Ausgabe, Bd. 12), S. 526, Nr. 1179. Zu Goethe und Scharnhorst siehe Erich Weniger, Goethe und die Generale, Leipzig 1943, S. 197 ff

[21] zit. nach Lothar Gall, Bismarck. Der weiße Revolutionär, Frankfurt a. M., Berlin, Wien 1980, Kap. «Die „Umstände des Lebens": der Mann und die Zeit», S. 17

[22] vgl. ebd.

[23] Zit. ebd.

zusammentreffen, die durch jene und die große Gelegenheit (griechisch: Kairos) in der jeweiligen Geschichte der Zeit zur Geltung kommen[24]. Dies gilt für Alexander, Caesar, Friedrich II. von Preußen, Napoleon und Moltke ebenso wie für Hitler.

Soll jedoch eine neue Machtschöpfung zur glücklichen Umgestaltung führen, dann müssen in einer Person militärische und philosophische Intelligenz zur Einheit verschmelzen[25]. Dies kann als Symbiose von Kriegführung und Politik gelten, die noch die Fähigkeit zu praktischer Aktion und theoretischer Reflexion einschließen soll. Gleichwohl, alle die Stärken und Fähigkeiten müssen an eine ethische Norm gebunden bleiben, um nicht missbraucht zu werden.

Friedrich der Große zum Beispiel hatte zwar einmal Hasard gespielt, seine Krone und die Existenz seines Staates als Pfand für seinen brennenden Ehrgeiz und geschichtlichen Ruhm eingesetzt, aber er war weder zum Abenteurer noch zum reinen Machiavellisten geworden, dem jederzeit Macht vor Recht geht. Für ihn wurde die Gleichsetzung von Aufklärung und Erziehung zur Devise. Im Geiste der Aufklärung wurde Kriegswissenschaft an der Erfahrung orientierte Vernunft – zur Kriegskunst. Dies bedeutete für Friedrich aber nicht Humanität. Fast nirgendwo schreibt er in diesem Zusammenhang über die mit dem Krieg verbundenen Fragen seiner ethischen Zulässigkeit und Rechtfertigung. In seinem politischen Testament von 1768 steht, ein Krieg sei gut (bonne) – was Theodor Schieder mit «berechtigt» interpretiert - , wenn er dazu diene «das Ansehen des Staates zu stützen, seine Sicherheit aufrechtzuerhalten, seinen Verbündeten Hilfe zu leisten, oder um die Absichten eines ehrgeizigen Fürsten einzudämmen, Erwerbungen zu machen»[26].

In der Zeit vor Friedrich dem Großen bis in das mittlere Drittel des 18. Jahrhunderts gab es überhaupt keine allgemein gültigen Militärtheorien. Die Literatur, mit deren Hilfe man sich für den Siebenjährigen Krieg hätte vorbilden können, baute ausnahmslos auf dem Spanischen Erbfolgekrieg auf. Nur die preußische Armee besaß neben den Anweisungen eine Art Dienstvorschrift für die höheren Truppenführer, die vom König selbst verfassten «General-Prinzipien des Krieges»[27]. In dem Bild, das der große König vom Feldherrn entwirft, wird die Verknüpfung von Geist und Urteilskraft als unerlässliche Voraussetzung deutlich. Wie aber soll er diese erlangen, wenn ihm die Kenntnisse fehlen? Seit Erfindung des Schießpulvers haben der Krieg und die Kriegführung eine andere Gestalt angenommen. «Körperkraft der Heerführer ist also Helden, gilt heute nichts mehr. List siegt jetzt über Gewalt, Kunst über Tapferkeit. Der Kopf des Heerführers hat mehr Einfluss auf den Erfolg seines Feldzuges als die Armee eines Soldaten. Klugheit bahnt dem Mute die Wege, die Kühnheit bleibt für die Ausführung aufgespart[28].» Diese Sätze finden sich in der Studie Friedrichs über Karl XII. von Schweden, verfasst 1758. Dieser König und Feldherr verdankte den Theorien der Kriegskunst nichts, seiner Natur alles. Da er mehr tapfer als geschickt, mehr tätig als klug war, darf man ihn nach Friedrichs Meinung nur mit Vorsicht nachahmen. Nach dem Urteil Friedrichs gibt er vielmehr Anlass, darüber nachzudenken, «dass Tapferkeit ohne Klugheit nichts ist und dass ein berechnender Kopf auf die Dauer über tollkühne Verwegenheit siegt»[29].

---

[24] Vgl. Theodor Schieder, Friedrich der Große. Ein Königtum der Widersprüche, Frankfurt a. M., Berlin, Wien 1983, Kap. «Friedrich II. und sein Beiname „der Große". Reflexionen über historische Größe», Kap. «Roi-Connétable», S. 8

[25] Vgl. ebd.

[26] «La guerre est bonne, lorsqu'on la fait, pour soutenir la considération d'un État, pour maintenir sa sûreté, pour secourir ses alliés ou pour contenir les projets d'un prince ambitieux qui se propose des conquêtes nuisibles à vos intérêts.» Friedrich der Große, Die politischen Testamente, Berlin 1920 (= Politische Correspondenz Friedrichs des Großen, Ergänzungsband (Bd 39), hrsg. von Gustav Berthold Volz), S. 160. Übersetzt nach Petter, S. 250

[27] Friedrich II. König von Preußen, Instruction militaire du roi de Prusse pour ses généraux, Frankfurt, Leipzig 1761. Siehe auch ders. Unterricht für die Generale seiner Armee nebst den von diesen Könige späterhin gegebenen Instructionen, 2 Teile, Leipzig 1819, siehe auch Schieder (wie Anm. 11), S.341

[28] «Quelqu'éclat que jettent les actions de nôtre illustre Heros, il faut l'imiter avec circonspection; plus il est propre à égarer la jeunesse légere & fougueuse : on ne fauroit affés lui inculquer, que la valeur n'est rien sans la sagesse, et qu'à la longue, un esprit de combination l'emporte sur une audace temeraire.» Friedrich II. König von Preußen, Reflexions sur les talens militaires et sur le caractère de Charles XII, roi de Suède, Berlin 1925, S. XXXII f. Siehe auch ders. Betrachtungen über die militärischen Talente und den Charakter Karls XII, König von Schweden, Berlin 1936, S. 38. Übersetzt nach Schieder, S. 341.

[29] Zitiert nach Rudolf Stadelmann, Moltke und der Staat, Krefeld 1950, S. 22

Auch die großen Persönlichkeiten stehen im Strom der Zeit. «Der Mensch ist, was er ist, und er wird, was aus ihm die Verhältnisse machen[30].» Feldherrentum beruht oft auf den mitreißenden Eigenschaften des geborenen Führers. Diese bestechende Genialität wird sichtbar in zündenden Worten und Gesten, mit denen Alexander, Caesar, Friedrich II., Napoleon und andere die Herzen ihrer Soldaten mit «mots sonores» gewonnen haben. Feldherrentum beruht aber nicht nur auf einem günstigen Schicksal, das strahlenden Glanz verleiht, sondern – wie bei dem älteren Moltke und in mancher Hinsicht ähnlich bei Manstein - auf Klarheit und Einfachheit der Pläne sowie dem kühlen besonnenen Kopf, der mit unerschütterlicher Festigkeit eine Entscheidung herbeiführt. Friedrichs Vorbild mag darin liegen, dass er seinem Wesen und Charakter, auch seinem beispiellosen Hochmut treu blieb. Niemals und von niemanden hatte er sich in seinen Überzeugungen beirren lassen. Solcher Stolz und seine menschliche Kälte mögen frevelhaft erscheinen. Doch seine Soldaten liebten ihn, weil er das Ertragen des Unerträglichen[31] vorlebte, ein Vorbild, das dann durch das NS-Regime schändlich pervertiert und missbraucht wurde. Seine Devise hieß «toujours en vedette» : niemals lasch und lau, «sondern immer auf Posten» und immer ganz auf dem Quivive sein[32].

Feldmarschall Moltke verkörpert einen ganz anderen Feldherrentypus. Sein Feldherrentum liegt weder in der bis Kleinste durchgerechneten Operation noch in dem, was man geniale Improvisation nennen könnte. Seine Größe liegt in der übergreifenden Planmäßigkeit. Bezeichnend für die historische Gestalt Moltkes mag daher sein, dass er der festen Überzeugung war, die lange voraus bedachten Anordnungen für die Versammlung und den ersten Aufmarsch der Armeen bestimmten den ganzen Feldzug entscheidend und führten «unfehlbar zu dem beabsichtigten Resultat», wenn auch im weiteren Verlauf der Operationen alles dem «militärischen Takt», dem spontanen «künstlerischen» Handeln des auf wechselnde Lagen und Feindbewegungen reagierenden Feldherrn vorbehalten blieb. So betrachtet, sieht Moltke die Strategie als «System der Aushilfen», lehnt aber jedes Vabanquespiel ab. Der vermeintlich «unfehlbare» Aufmarschplan, die Absage an die «Fortune», die auf exakter Planung beruhende Gewissheit des Sieges ist als Moltkesches Erbe in die Geschichte des preußisch-deutschen Generalstabes eingegangen.

Schlieffen hat diese Überzeugungen in seinem Feldzugsplan von 1905 in genialer, wenn auch einseitiger Konsequenz zu Ende gedacht, während Mansteins Plan für den Westfeldzug 1940 in allen Einzelheiten dem Muster Moltkes folgte, dessen Vollendung der strategische Dilettant Hitler bei Dünkirchen verhinderte. Diesen unterschied seine nervöse Intention von der sicheren Gewissheit Moltkes und Mansteins. Während Hitler schon während des Frankreichfeldzuges unablässig eingriff, vertraute Moltke auf seinen Plan und auf seine Befehlshaber.

Moltke wurde – und dies erscheint auch tauglich als Vermächtnis und Beispiel für die Gegenwart – als «Repräsentant und Exponent der Intelligenz» des preußisch-deutschen Offiziers angesehen. Er wurde zum normgebenden Ideal des Generalstabsoffiziers, der hervorgegangen war aus den Vorbildern Scharnhorsts, Gneisenaus, Clausewitz' und anderen. Der «gelehrte Offizier» wurde neben dem hochgeschätzten Typus des Frontoffiziers zu einer Institution, die den Bildungsvorstellungen des deutschen Idealismus, dem Humboldtschen Bildungsideal, entsprachen. Das gemeinsame geistige Fundament war es, das den Chef des Generalstabs mit seinen Unterführern verband – und denen er deshalb trotz mancher Eigenmächtigkeiten kaum vorstellbare Freiheiten ließ. Die Wechselbeziehungen zwischen Bildung und Soldatentum und die neue Würde des «Waffenträgers der Nation» formten die jungen Offiziere, die zu einem gut Teil von Goetheschen Bildungsnormen ergriffen waren. In der Bildung, in der auch die Vernunft in einem hohen Kantischen Sinne zur Herrschaft gelangt war, ist der Schlüssel zu finden für die richtige Gelassenheit Moltkes und sein Vertrauen auf seine Befehlshaber, wenn beispielsweise am Tage der Schlacht von Sedan nicht ein einziger Befehl das Hauptquartier verlassen hat, und er am Abend nach Sedan «trocken in die täglichen Geleise zurücklenkt und [...] gelassen die Gewohnheit des abendlichen Kartenspiels wieder aufnimmt und sagt: „Nu aber 'nen Rubber.»

Manstein besaß diese Unerschütterlichkeit und das Vertrauen in seine Unterführer ebenso; ohne sie hätte er die «Rochade» südlich bzw. südwestlich von Charkow Februar/Anfang März 1943 nicht in die

---

30 Wolfgang Venohr, Friedrich der Zweite, in: Sebastian Haffner, Wolfgang Vernohr, Preußische Profile, Königstein/Ts. 1980, s. 62

[31] Vgl. ebd.

[32] Siehe dazu und im folgenden Stadelmann, Moltke, S. 9-12, 34-39

Tat umsetzen und durchstehen können[33]. Als die ständigen Eingriffe Hitlers deshalb für ihn unerträglich wurden, weil sie gegen die historisch gewachsenen Grundsätze verstießen, resignierte er und ließ sich seines Kommandos entheben[34].

Epilog

Strategisches und operatives Denken ist immer mit den politischen Ideen und Triebkräften eines Jahrhunderts verknüpft. Helmuth Graf von Moltke hat nicht wie Carl von Clausewitz ein großes, in sich geschlossenes, zeitloses Werk und auch kein zusammenhängendes strategisch-operatives Lehrgebäude hinterlassen[35]. Jedoch war er – wie kaum ein anderer Feldherr – an der Veränderung der europäischen strategischen Geographie beteiligt. Wie nur selten jemand vor ihm wirkte er schon zu Lebzeiten stilbildend auf seine Umwelt: Er wurde zum Exponenten des intelligenten, gebildeten Offiziers, dessen Geist über den des reinen Militärtechnikers weit hinausreichte. Er steht für den Typ des Soldaten, der jederzeit Politik und Strategie in Verbindung bringt und mit dem Politiker um die Entscheidungen ringt, ohne sie ihm letztlich streitig zu machen.
Im 19. und 20. Jahrhundert hinein waren die Menschen – und zwar auf allen Ebenen der sozialen Stufenleiter – davon überzeugt, dass Ideen die Welt bewegten.
Das im Gedächtnis der Deutschen kristallisierte Wissen ist die Grundlage, durch die sie ihre Lebenswelt erkennen und den Sinn der Welt begreifen können. Geschichte und Militärgeschichte sind heute das Fundament des Soldaten, das ihm hilfreich sein kann, seine Identität im Verfassungsstaat zu finden.
Die Geschichte ist aber vor allem jener Bereich, in dem der lebendige Geist durch Reflexion das Wahre erkennen kann. Um Gut und Böse unterscheiden zu können, muss der Mensch Kriterien entwickelt haben, die ihm diese Unterscheidung ermöglichen. Im «Dritten Reich» glaubten viele, ihrem Staat zu dienen, waren die meisten Soldaten überzeugt, für Heimat und Vaterland zu kämpfen. Die schreckliche Wahrheit aber war, dass sie einem Machthaber und einem System dienten, die das Hauptkriterium der Menschenwürde – Recht und Freiheit – missachteten.

---

[33] siehe Günther Roth, Operatives Denken bei Schlieffen und Manstein, in: Ausgewählte Operationen und ihre militärischen Grundlagen, Militärgeschichtliches Forschungsamt, Verlag E.S. Mittler&Sohn GmbH, Herford und Bonn 1993, S. 275ff

[34] vgl. Eberhard Schwarz, Die Stabilisierung der Ostfront nach Stalingrad. Mansteins Gegenschlag zwischen Donez und Dnjepr im Frühjahr 1943, Göttingen, Zürich 1986 (= Studien und Dokumente zur Geschichte des Zweiten Weltkrieges, Bd 17), S. 171-236, bes. S 49.

[35] Nach Franz Herre, Moltke. Der Mann und sein Jahrhundert, Stuttgart 1984, S. 272 f., Roland G. Foerster, Das operative Denken Moltkes des Älteren und die Folgen, in: Ausgewählte Operationen und ihre militärischen Grundlagen, Militärgeschichtliches Forschungsamt, Verlag E.S. Mittler&Sohn GmbH, Herford und Bonn 1993, S. 270

Bildnachweis Deckblatt

Military Academy of West Point website, ancient warfare subpage
http://www.dean.usma.edu/HISTORY/web03/atlases/ancient%20warfare/ancient%20warfare%20maps/battle_salamis.gif
2005-09-11 18:50 ChrisO 741×556×8 (37522 bytes) *Map of the [[Battle of Salamis]]. Created by the Department of History, United States Military Academy, West Point*
Siehe: Wikipedia.org, Auf Deutsch Übersetzt von User:Fremantleboy

Literatur

Bengston, Hermann	Griechische Geschichte. Von den Anfängen bis in die römische Kaiserzeit, 4. durchges. und erg. Aufl., München 1969
Clausewitz, Carl von	Vom Krieges, hrsg. von Werner Hahlweg, Bonn 1980
Falls, Cyrill	The Art of War, London 1961
Herre, Franz	Moltke. Der Mann und sein Jahrhundert, Stuttgart 1984
Marwitz, Ullrich	Friedrich der Große als Feldherr, in: Friedrich der Große und das Militärwesen seiner Zeit, Herford, Bonn 1987
Petter, Wolfgang	Zur Kriegskunst im Zeitalter Friedrich des Großen, in: Europa im Zeitalter Friedrichs des Großen. Wirtschaft, Gesellschaft, Kriege. Im Auftrag des Militärgeschichtlichen Forschungsamtes hrsg. von Bernhard R.Kroener, München 1989
Roth, Günther	Der Feldzugplan „Fall Gelb" für die deutsche Offensive im Westen 1940, in: Operatives Denken bei Clausewitz, Moltke, Schlieffen und Manstein, hrsg. vom Militärgeschichtlichen Forschungsamt, Freiburg 1989
Schieder, Theodor	Friedrich der Große. Ein Königtum der Widersprüche, Frankfurt a. M., Berlin, Wien 1983
Schwarz, Eberhard	Die Stabilisierung der Ostfront nach Stalingrad. Mansteins Gegenschlag zwischen Donez und Dnjepr im Frühjahr 1943, Göttingen, Zürich 1986 (= Studien und Dokumente zur Geschichte des Zweiten Weltkrieges, Bd 17)
Stadelmann, Rudolf	Moltke und der Staat, Krefeld 1950
Venohr, Wolfgang	Friedrich der Zweite, in: Sebastian Haffner, Wolfgang Vernohr, Preußische Profile, Königstein/Ts. 1980
Wallach, Jehuda L.	Das Dogma der Vernichtungsschlacht, Frankfurt a. M. 1967
Wohlfeil, Rainer	Vom Stehenden Heer des Absolutismus zur Allgemeinen Wehrpflicht, in: Handbuch zur deutschen Militärgeschichte 1648-1939, hrsg. vom Militärgeschichtlichen Forschungsamt, Bd 1, Abschn. II, München 1979